MÄXCHEN
oder wie ein Max entsteht

D1674701

MÄXCHEN

oder wie ein Max entsteht

Aufgeschrieben von Henning Venske

und gezeichnet von Ernst Kahl

Maulwurf

Inhalt

©1994 by Maulwurf Verlagsgesellschaft mbH Remchingen
Alle Rechte vorbehalten
Illustrationen: Ernst Kahl
Einbandgestaltung unter Verwendung einer
Illustration von Ernst Kahl: Frank Ruprecht
Druck und buchbinderische Verarbeitung: Röck, Weinsberg
ISBN 3-929007-20-7

Mama macht das Frühstück gut

Ich bin 5, und ich bin schon groß, und ich heiße Mäxchen.

Und ich kann schon alleine aufs Klo, und eine Schleife binden kann ich nicht. Aber das macht nix, weil ich immer Gummistiefel anhabe. Und es ist schade, daß in unserer Wohnung keine Pfützen sind und auch kein Baggermatsch, weil, es ist eine schöne Schweinerei auf dem guten Teppich. Ich kann mich von selbst anziehen, auch schnell, und Zähne putzen wegen dem Belag. Aber Nägelschneiden ist verboten.

Und mein Papa ist so groß wie die Stehlampe, und wenn er die Hand ausstreckt, kommt er an die Decke, und er sagt, es ist ihm zu niedrig bei uns. Papa hat ein Auto mit Schonbezügen, weil, es reicht nicht, wenn man die Schokoladenfinger ableckt und an der Hose abwischt, und Mama hat ein Fahrrad mit Kindersitz vorn, und da passe ich gerade noch rein, und wir fahren schneller als ein Polizeiauto ohne Blaulicht an. Immer sind wir am allerschnellsten. Im Kindergarten ist alles ganz langsam, und zu Hause ist alles ganz schleunigst. Und aber dalli. Besonders beim Anziehen und beim Ausziehen und wenn ich ins Bett muß. Wenn wir frühstücken auch. Papa lackiert sich die Nägel, und Mama liest in der Zeitung. Nein, andersrum. Und sie müssen ein paar wichtige Sachen besprechen, jemanden erledigen oder so. Da reden sie immer am schleunigsten.

Und Papa ist schlecht gelaunt, und Mama ist auch schlecht gelaunt, und ich will noch ein Ei kochen, weil ich so gern Eier esse, und ich bohre ein Loch rein mit einem Schaschlikspieß, damit's nicht kracht und platzt, wenn das Wasser gar ist, und wie ich den Gasherd anmache, weil, das kann ich auch schon sehr geschickt, platzt Mama mich energisch auf den Stuhl, daß der ganz sauer »aua« sagt, aber sie hört's nicht. »Beim Frühstück wird nicht rumgespielt, wieoftsollichdirdasnochsagen, nocheinmalunddukannstindeinemeigenenzimmeressen!« sagt sie ziemlich schleunigst, und Papa sagt »Kraftfahrzeugreparaturwerkstattlöhne steigen ins Unermeßliche, Haushaltseinsparungsmaßnahmen sind unerläßlich«, und ich weiß gar nicht, was er da redet. Deswegen schmiere ich mir ein Toastbrot mit Leberwurst und Butter obendrauf, aber Papa sagt »ich hab' dir extra ein Marmeladenbrot

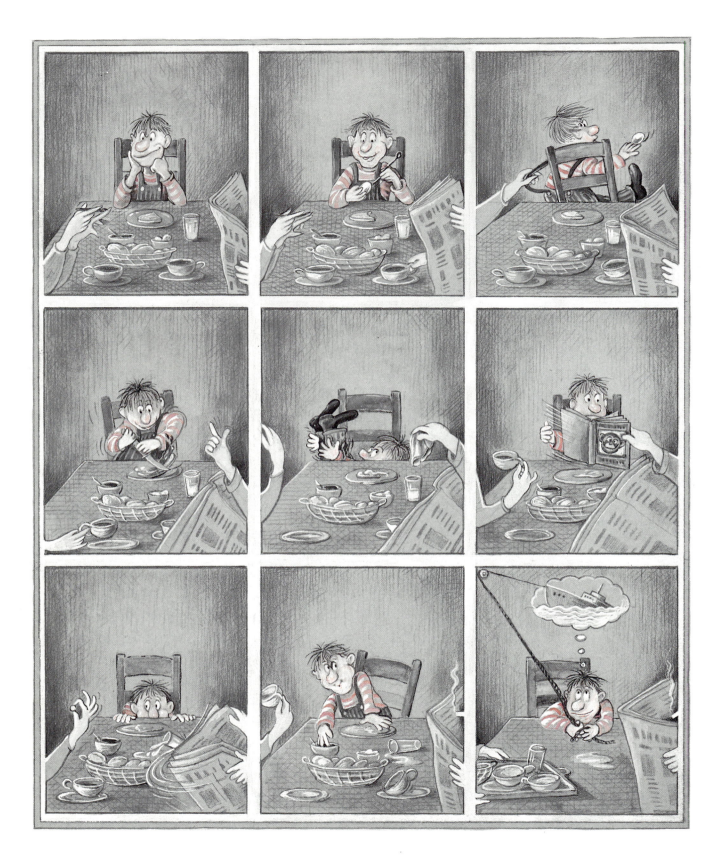

hingelegt, jetzt ißt du das erst mal auf, paßdochaufverdammtnochmal, jetzt hast du die ganze Schmiere am Ärmel, wisch ihm das doch mal ab, Schatz.«

»Mach' du's doch«, sagt Mama, und ich wisch' es selbst ab, am Tischtuch, weil, die Hose ist ganz frisch, und dann hole ich das Bilderbuch vom frechen Affenpack und lese am Frühstückstisch. Aber das ist ungezogen, weil vielleicht die Kaffeekanne umfällt, und dann ist der Milchtopf runtergekippt, weil Papa beim Umblättern von der Zeitung dagegen gehauen hat. Und Mama hat nichts gesagt außer »siehste« und eine Kopfschmerztablette geschluckt, und ich hab' sie gestreichelt, weil, man muß sehr tapfer sein beim Medizinnehmen. Aber Fieber hat sie nicht gemessen. Auch nicht unterm Arm. Und dann hat sie die Milch aufgewischt, und Papa hat die Füße hochgehoben wegen seiner neuen Schuhe, damit die noch länger anständig aussehen sollen. Und dann war Ruhe.

Wie die fertig ist, geht's weiter mit Reden über Halbpengsion oder Ganzpengsion und Streß mit Bergsteigen oder Ibiza auf Charter mit Tickets ohne Prozente mit möglichst wenig Gepäck, aber Kommfort. Vielleicht wollen sie umziehen. Oder verreisen, weil, sie haben sich ihre Erholung wirklich verdient, aber es ist so schwierig, weil Mama das Geld für anderen Kram aus dem Fenster wirft.

Ich sage »Mama?«, und sie sagt »gleich, Mäxchen«, und ich sage »Papa?«, und er sagt »warte doch mal!«, und ich sage wieder »Mama!«, und sie sagt »Moment, Mäxchen«, und ich sage »Papa!!!«, und er sagt »kannst du ihn nicht mal wenigstens einen Augenblick ausschalten?« und redet schleunigst mit Mama weiter, und ich stecke drei Finger in den Siruptopf und kleckere ein schönes Muster auf meinen Teller, aber keiner guckt, und keiner merkt's. Laaangweilig . . .

Dann habe ich mir erzählt, daß ich gestern im Hafen war, und da stand ein großer Kran wie eine Giraffe, und der trug eine Kiste an einem Haken, die war so groß wie ein Haus, und wie er sich umgedreht hat, ist der Kran mit der Kiste ins Wasser gekippt. Denkst du, die hören zu? »Und von den Wellen, weil die so riesenhoch waren, ist ein Schiff untergegangen, erst eins, dann noch eins und dann alle!« Die hören nicht zu. »Und dann bin ich reingesprungen mit allen Sachen und habe die Schiffe wieder rausgeholt!«

Papa sagt »nun laß mal gut sein, Mäxchen, du siehst doch, daß wir wichtige Sachen zu besprechen haben.« Ich frage: »Was denn?«

. . . − . . .

»Waaas denn?«

»Gleich, Mäxchen, gleich«, sagt Mama, »der Zeitgewinn bei einer Halbtagsbeschäftigung steht doch in keinem Verhältnis zur finanziellen Einbuße...«, und da bin ich zum Telefon

gegangen, weil ich mit Biene ein paar wichtige Sachen besprechen wollte, aber Telefonieren ist nur in Ausnahmefällen gestattet, und es war keiner. Papa hat gesagt »jetzthabeichaberdieschnauzevoll!«, und Mama hat gesagt »wir gehen ja gleich!«

Da bin ich in mein Zimmer gegangen, habe die Tür zugemacht, und ich habe mir einen Stuhl ans Fenster gerückt und rausgeguckt.

Ich bin 5, und ich bin schon groß, und ich heiße Mäxchen.

Und wer bist du?

Mäxchen weiß, was Eltern wünschen

Ich bin 5, und ich bin schon groß, und ich heiße Mäxchen.

Und ich kann meinen Roller schon ganz von selbst die Kellertreppe runtertragen und in die Ecke stellen, weil, wenn er im Gang liegt, kann sich einer das Bein brechen, wenn er nicht drübersteigt, und Eltern haften für ihre Kinder. Deswegen darf man sie nicht im Hausflur abstellen, und die Fahrräder müssen auch draußen bleiben. Ich hab' überhaupt keine Angst im Dunkeln im Keller, weil, ich kann gut laut singen, aber pfeifen lerne ich erst im nächsten Jahr oder früher. Und beim Haarewaschen brauche ich auch überhaupt nicht zu weinen, weil, wir haben ein mildes Haarwaschmittel, und ich drücke mir den Waschlappen immer ganz fest auf die Augen, bis es vorbei ist. Abends kann ich schon alleine zu Hause bleiben, weil ich von selbst telefonieren kann mit dem richtigen Erwachsenentelefon. Dann ist Horst dran, das ist Papas Freund. Oder Christiane, das ist Mamas Freundin, und die tauschen immer ihre Lippenstifte. Oder Biene, das ist meine allerbeste Freundin. Wenn ich falsch telefoniere, ist wer Fremdes dran, aber die kenne ich dann nicht. Deswegen rufe ich immer Horst an oder Christiane oder Biene, und die haben ein Zimmer mehr in ihrer Wohnung als wir. Die kommen dann zu uns, weil, die haben einen Schlüssel und können bei uns rein, aber ich darf die Kette nicht vorlegen. Und ich rufe die auch nicht immer an, nur wenn ich aufwache und nicht wieder einschlafen kann. Und wenn die dann kommen, ist Horst manchmal sauer und Christiane auch, weil, dann ist Biene vielleicht alleine zu Hause bei denen, und wenn sie aufwacht, heult sie immer, und das hat man dann davon, wenn man auf anderer Leute Kinder aufpaßt. Ich rufe immer nur im Notfall an, weil, das ist das allerwichtigste, daß es ein Notfall ist, damit ich schon selbständig bin. Wenn ich aufwache und einen Durst habe, gehe ich an den Kühlschrank und hole mir was. Saft oder Milch. Und manchmal ist die Flasche ganz fest verschraubt und die Milchtüte auch zu, und dann muß ich doch telefonieren, weil, »Wasser aus der Leitung trinken ist nicht gesund«, sagt Mama. Kleckern auf dem Fußboden und nicht wegwischen ist auch verboten, und die Kühlschranktür muß ich zumachen, weil, sonst wird alles warm, und es ist eine Stromverschwendung.

»Und kein Fernsehen anmachen!« sagt Papa. Wenn ich's doch tue und im Sessel einschlafe, weil's so langweilig ist, ärgert er sich ganz traurig, und er trägt mich nicht ins Bett, damit ich von selbst dahin laufen muß.

Früher, als ich noch ganz klein war, habe ich immer geholfen. Ich habe die Mülltüte runter zum Mülleimer gebracht, und dann wollte ich die da reinstopfen, aber es ging nicht, weil, der Eimer war schon ganz voll und der Deckel ganz hoch, und da ist die Tüte runtergekracht, und alles lag auf dem Fußboden, Kartoffelschalen und der Dreck aus dem Staubsauger und Katzenfutterdosen und Wurstpellen und alles. Mama hat »du Ferkel« gesagt und alles eingesammelt mit ihren Gummihandschuhen, und ich hab's nie wieder getan. Jetzt bin ich groß, jetzt weiß ich: Man muß vorsichtig sein beim Helfen. Papa sagt »wir müssen alle unsere Erfahrungen sammeln, du auch, mein Junge.« Aber Erfahrungen machen ist gefährlich:

Einen Stuhl ans Spülbecken rücken und Geschirr abwaschen ist gefährlich, weil, es geht kaputt, und wenn es nicht kaputt geht, wird's nicht sauber. Erfahrungen sammeln dauert auch lange:

Küchenfußboden aufwischen, das muß zackzack gehen, weil, man soll seine Zeit nicht verplempern und das Wasser auch nicht.

Ich will lieber nicht mehr so viele Erfahrungen sammeln, weil, das gibt nur Ärger. Kochen ist immer zu heiß, und ich soll auch lieber kein Salz rantun, weil, dann ist es ungenießbar, und das macht Mama lieber von selbst. Waschmaschine vollstopfen tue ich auch nie wieder, weil, Papa sagt »was hast du dir denn wieder dabei gedacht, du Riesenferkel?« – und ich habe nur seine Hose mit den Kaffeeflecken, Mamas Morgenmantel und meine Gummistiefel da reingetan, und das war bestimmt alles ganz saumäßig. Nur Blumengießen auf dem Balkon ist erlaubt, mit Wasser und vorsichtig, weil, wenn es runtertropft, beschweren sich die Leute unter uns, weil, die haben einen Teppich auf ihrem Balkon, und die sagen, die Bierflecken auf ihrem Teppich kommen, weil ich unsere Blumen mit Bier gieße, aber Papa hat immer Spaß, wenn er sich mit denen krachen kann.

Papa sagt, ich muß Ordnung lernen und soll nicht unnütz Arbeit machen, weil, er hat absolut keine Lust, immer meine Schweinerei zu beseitigen, und Mama auch nicht. Und ich soll gefälligst meinen Dreck von selbst wegmachen. Aber Papas Dreck wegmachen soll ich lieber nicht, weil, neulich habe ich seinen Schreibtisch aufgeräumt, und da lagen ganz viele Zettel rum, alles durcheinander und vollgekritzelt und gekrakelt, und ich hab's in die Mülltüte gestopft und zusammengequetscht, und die Kugelschreiber habe ich sortiert und ganz schön aufgeräumt, und Papa war ganz zum Verzweifeln.

Erfahrungen sammelt man am besten in seinem eigenen Zimmer. Aber nicht die Fenster putzen! Weil, dann bleiben zuviele Leute auf der Straße stehen und gucken rauf, und es gibt eine Autoschlange, und die Krankenwagen kommen nicht mehr durch und die Polizeiautos auch nicht, die kommen dann zu Fuß. Und ein Polizist hat geklingelt und mit Mama im Flur gesprochen, und Mama ist in mein Zimmer geschlichen wie ein Indianer und hat mich gepackt von hinten und ganz doll festgehalten und gesagt »mein Gott, ich war in der Küche, das hat er ja noch nie gemacht«, und der Polizist hat aus dem Fenster geguckt und hat gesagt »nun sehen Sie sich die Leute an: stehen da rum und klatschen Beifall.« Und dann hat er das Fenster aufgemacht und runtergeschrien »machen Sie die Straße frei, es ist alles vorbei!«

Mama hat mit mir geschmust und dabei geschimpft, ich soll keine Fenster putzen. Lieber ein Bild malen. Und wenn Mama »hm hm, sehr schön« gesagt hat, aufräumen und das Bild in die Mülltüte tun, weil, wenn man es mit Klebstoff an die Wand klebt, dann leidet die teure Tapete. Und Papas schwarze Schuhe putzen, das tue ich auch nie wieder, weil, er hat sich kein bißchen gefreut darüber. Er hat geschrien »verdammt noch mal, du Quadratferkel, und womit soll ich mir morgen früh die Zähne putzen?« und ist rausgerannt. Mama hat gelacht. Die Zahnbürste ging ganz leicht wieder sauber in Papas Handtuch.

Und da hat er mich in mein Zimmer gesperrt und die Tür zugemacht. Ich habe mir einen Stuhl ans Fenster gerückt und rausgeguckt.

Ich bin 5, und ich bin schon groß, und ich heiße Mäxchen.

Und wer bist du?

Freie Fahrt für Brummi

Ich bin 5, und ich bin schon groß, und ich heiße Mäxchen.

Und ich kann schon von selbst über die Straße gehen, weil, ich mache immer meine Augen auf, und ich muß der Ampel gehorchen, damit die rücksichtslosen Affen mich nicht plattfahren. Und mein Papa hat im Dienst einen Drehstuhl, aber er will lieber einen Sessel aus Leder, weil, dann kriegt er mehr Geld. Und Mama macht Yoga und kann Handstand, aber nicht immer, nur wenn sie Hosen und Lust dazu anhat. Und der Chef von meiner Mama ist fett und hat einen dicken Tortenarsch, aber den kenne ich gar nicht, und der ist ganz faul, damit er sich nicht mal von selbst Kaffee kochen muß.

Und ich bin in unserem Kindergarten der zweitstärkste, weil, die stärkste ist Biene, und das ist meine Freundin, aber die ist schon 6. Und mein Papa sagt immer »das Kind ist fürchterlich geschwätzig«, und Mama sagt »na, wo hat es das wohl her?« Und jetzt ist Mama einkaufen mit ihrem Schirm, weil, es regnet ganz doll, und ich bin einsam heut' nacht, und da habe ich auch mal meine Ruhe.

Mama hat gesagt »spiel schön«, und ich habe gesagt »mach ich, Mama.«

Den Tisch habe ich umgekippt, weil, dann stehen die Beine am höchsten in die Luft, und mein Bettzeug habe ich da reingelegt zum Weichsitzen, und Mamas und Papas Bettzeug habe ich auch geholt, und ich habe es über die Tischbeine obendrüber gelegt, damit's zappenduster wird, und das ist es auch. Und es wird gleich noch viel mehr duster, wenn ich den Rolladen runterlasse, und das tue ich auch. Ich sage huihuihui, weil, ich habe schon wieder keine Angst im Dustern, aber ich stoße mich am Knie, das kommt davon, und es tut weh, aber es geht schon wieder. Ich hole die Taschenlampe aus Papas Nachttisch und knipse sie an, und die scheint wie ein Scheinwerfer, aber dunkler. Und unter Mamas Bett liegt Mamas extrafeine Feinstrumpfhose, wo sie nicht hingehört, und die Taschenlampe binde ich mit Mamas extrafeiner Feinstrumpfhose an dem einen Tischbein fest, und jetzt stoße ich mich nicht mehr, weil, jetzt herrscht gute Sicht voraus. Und unseren Fön binde ich ans andere Tischbein, und ich bringe ihn auch in Gang, weil, ich kann ihn schon von selbst in die Steckdose einstöpseln mit der Verlängerungsschnur vom Toaströster, aber das ist streng verboten für Kinder, und wir machen nur heute mal ausnahmsweise eine Ausnahme, und das wird hier nicht zur Regel. Und jetzt bläst der Fön einen Sturm in die Gardinen, schlimmer als draußen, und ich muß meinen Anorak anziehen. Aber einen Regen muß ich auch noch haben, weil, es ist eine stürmische Regennacht, und ich nehme Papas Herrenknirps, den kann ich von selbst aufspannen, und das tue ich auch, und ich stelle ihn in die Badewanne und drehe das kalte Wasser an, und das pladdert wie verrückt auf den Schirm, und es ist ein richtiges Unwetter im Bad, schlimmer als im Fernsehen.

Aber es ist noch nicht fertig: Erst noch die Schubladen aus meiner Kommode rausholen und das Anziehzeug ganz ordentlich in den Flur legen, weil, ich soll keine Unordnung machen. Die Schubladen aufeinanderstapeln wie einen Turm, das ist ganz schön anstrengend, und ich bin heute wieder ganz kaputt, Schatz.

Wo ist der Besen? Der Besen ist in der Besenkammer. Ich muß in die Küche und einen Küchenstuhl holen und den Besen vom Haken in der Besenkammer runterholen. Und der Eimer mit dem Waschpulver bei 60 Grad fällt vom Regal, und die Besenkammer sieht aus wie geschneit. Das muß ich mit dem Staubsauger wieder wegmachen, aber das mache ich später.

Der Besenstiel gehört zwischen die obersten beiden Schubladen von dem Schubladenturm geklemmt, und das gute Ende mit den Haaren binde ich mit Papas Bademantelgürtel am Tischbein hinten fest. Und meinen Schlaftiger setze ich in die oberste Schublade rein und mein Sparschwein auch und sage »gut festhalten«, und sie sagen »machen wir, Chef«, und dann habe ich Hunger. Aber in der Küche ist nichts, weil, Mama ist gerade einkaufen. Nur Katzenfutter mit vielen wertvollen Aufbaustoffen, aber ich kann die Dose nicht aufmachen. Und mögen tue ich es sowieso nicht. Unsere Katze ist schon ganz alt und immer faul und stirbt bald. Ich mag lieber einen Hund, und wir müssen mal umziehen, weil, dann kriege ich einen. Vielleicht. Und ich esse einen Schlank-Schlank-Joghurt von Papa, und gleich habe ich nicht mehr soviel auf den Hüften. Das macht Mama ganz glücklich.

Was vergessen? Nein, nichts vergessen. Fertig. Nein, noch nicht fertig: Kopfhörer aufsetzen! Papas Hi-Fi-Kopfhörer liegen auf dem Radio, und ich darf die immer aufsetzen, wenn Papa nervös ist, weil, er kann das nicht vertragen, wenn er das hören muß, was ich hören will, weil, nach der Arbeit braucht der Mensch auch mal ein bißchen Ruhe.

Jetzt ist alles fertig. Fast.

Hocker vorsichtig in den Tisch reinwuchten unter Mamas und Papas Bettzeug. Reinsetzen. Laken an der Seite runterziehen, vorsichtig, weil, sonst kracht alles zusammen.

Schwere Sturmböen von Nordwest, Scheinwerfer ist an. Der Motor ist der stärkste von der Welt. Schalten, Vollgas. Mein Laster fährt tausend Kilometer und überholt alle anderen Laster. Scharfe Kurve. Der Anhänger schleudert. Ich bin schon mindestens weiter als Hannover, und da zieht Mama den Rolladen hoch und nimmt das Verdeck runter und schaltet den Sturm aus und macht alles kaputt. Sie sagt »aufräumen, aber schleunigst!« und nimmt das Bettzeug und den Besen und die Taschenlampe und den Fön und alles weg und stampft wütend raus, wütend wie ein Wildschwein, und stampft wütend wieder rein, mit einem nassen Fuß vom Bad, und sagt »wenn das in 10 Minuten nicht alles wieder picobello ist, dann kannst du was erleben« und stampft wütend wieder raus, wütend wie ein Nashorn, und stampft wütend wieder rein mit einem Wischlappen in der Hand und sagt »warum spielst du eigentlich niemals was Vernünftiges?« und stampft wütend wieder raus, wütend wie ein Indianerbüffel, und stampft wütend wieder rein und sagt »das werde ich deinem Vater mitteilen, darauf kannst du dich verlassen« und stampft wütend wieder raus, wütend wie ein Krokodil, und sie knallt die Tür zu.

Und ich bin auch sehr doll wütend, und ich trete gegen die Tür, und da tut mir der große Zeh weh. Ich rücke mir einen Stuhl ans Fenster und gucke raus.

Ich bin 5, und ich bin schon groß, und ich heiße Mäxchen.

Und wer bist du?

Nur wo Tante draufsteht, ist auch Tante drin

Ich bin 5, und ich bin schon groß,
und ich heiße Mäxchen.

Und ich fahre am liebsten zu meinem Opa, weil, der hat Kaninchen in einem Kaninchenstall und auch eine Oma. Und meine liebste Freundin heißt Biene, und die hat schon eine Zahnklammer, aber die verleiht sie nicht, weil, da ist sie neidisch. Ich habe noch meine richtigen Zähne ohne Löcher, aber Biene hat ganz neue große, und die sind schief. Und mein Opa mit den Kaninchen hat gar keine Zähne, aber ein Gebiß mit Haftcreme und Zweiphasenreiniger, und er nimmt es nie raus. Und dann habe ich noch mein liebstes Fahrrad. Manchmal haben wir Besuch, und den fremden Besuch kenne ich nicht, aber den anderen Besuch kenne ich. Und wenn ich den Besuch nicht kenne, »dann mußt du ihn eben kennenlernen«, sagt Mama. Und wenn ich den Besuch schon kenne, dann ist es ein Wunder Gottes, daß er trotzdem noch kommt. »Weil er dich schon kennengelernt hat«, sagt Papa.

Wir gehen auch manchmal zu Besuch bei anderen Leuten, aber das ist immer eine Strapaze mit dem Jungen, und am liebsten besuche ich die Kaninchen von meinem Opa mit der Oma. Ich habe auch noch einen anderen Opa ohne Kaninchen und ohne Oma auch, weil, er wohnt in einem Seniorenheim, und den besuchen wir nur einmal, wenn Weihnachten kommt, und »der hat in seinem Leben viel Schweres durchgemacht«, sagt Mama, »und es zu nichts gebracht«, sagt Papa. Und der besucht uns gar nie, weil, die Reise ist zu weit, und wir haben auch nicht genug Zimmer zum Schlafen. Und die Kaninchen von meinem Opa mit der Oma, die Kaninchen besuchen uns auch nicht, weil, die Reise ist nicht so weit, aber sie haben kein Geld für den Zug, und man kriegt den Stall auch nicht in den Zug rein.

Nur Tante Kläre besucht uns immer, mindestens fünfhundertmillionentausendmal, und ihre Handtasche hat immer eine neue Farbe und ihre Haare auch. Tante Kläre ist ganz groß und dick wie ein Riese. Mama sagt »Tante Kläre kann mit ihrem Busen die Türklinke runterdrücken«, und Papa sagt »sie kann sich unser Einkaufsnetz als Haarnetz über ihren Dutt ziehen.« Und Mama hat noch gesagt »Tante Kläre ist eine blödsinnige Gemüsegurke«,

und Papa hat gesagt »Schatz, du sollst das nicht immer sagen, weil, Tante Kläre ist nicht unvermögend, und sie mag das Kind so gern.«

Das bin ich, was sie mag. Aber ich mag sie nicht.

Und Mama sagt »ich kann das nicht aushalten, wie die Gemüsegurke immer guckt, ob Staub auf der Lampe ist, und fragt, ob der Kuchen auch selbstgebacken ist« und »es ist kein Wunder, daß der Gemüsegurke der Mann weggelaufen ist.« Und Papa sagt »sei doch froh, weil, der Mann von der Gemüsegurke war noch viel blödsinniger, ein richtiger Gurkenheini, und Tante Kläre ist nur etwas eigenartig, und du mußt Rücksicht nehmen, es geht der Tante Kläre gesundheitlich gar nicht gut, und so lange macht sie es ja nicht mehr.«

Und er sagt noch, daß ich mich anständig benehmen muß, weil, »die Tante Kläre bringt dir

doch auch immer was mit«, und ich weiß schon, was es ist, weil, es ist immer eine Tüte Gummibärchen, und unsere Katze mag schon lange keine Gummibärchen mehr und ich auch nicht. Und Mama sagt, ich muß ganz artig sein, wenn Tante Kläre kommt, weil, »sie hat dich doch lieb, und sie freut sich so, wenn du sie auch lieb hast.« Aber ich habe die Gemüsegurke überhaupt nicht lieb.

»Komm, Mäxchen, Händewaschen und saubere Strümpfe anziehen und Sandalen und Haare bürsten und nicht immer in der Nase popeln und schon gar nicht mit dem Daumen wie letztes Mal und nicht wieder der Tante Kläre die Brille wegnehmen und im Backofen verstecken, weil, sonst findet Tante Kläre den Heimweg nicht, und das wäre doch schrecklich, oder? Und immer bitte und danke sagen, und nicht dazwischenreden, erst wieder, wenn Tante Kläre weg ist, und keine Platte auflegen, wenn Tante Kläre da ist, und Fernsehen auch nicht, weil, Tante Kläre ist ja gekommen, um sich nett mit uns zu unterhalten. Versprichst du mir das?« sagt Mama. »Und du kriegst auch einen Groschen, wenn du ausnahmsweise mal keinen Mist baust«, sagt Papa.

Und es klingelt, und ich darf auf den Türsummer drücken, und es dauert eine Woche, bis die Gemüsegurke bei uns im zweiten Stock angeschnauft kommt. Ich renne ins Wohnzimmer und verstecke mich hinterm Sofa, aber vorher hole ich mir ein Stück Apfelkuchen vom Kuchenteller vom Tisch mit Sahne, aber den Löffel habe ich vergessen, und ich muß mit den Fingern essen, und das macht Schmierkrümel auf dem Teppich. Und Papa sagt »du siehst aber sehr erholt aus, Tante Kläre, wir freuen uns«, und Mama sagt »ja, schön, daß du mal wieder bei uns bist, wir haben dich richtig vermißt«, und Papa sagt »komm doch rein, nimm Platz und mach' es dir gemütlich, tja, wir haben dich ja eine Ewigkeit nicht gesehen.« Und ich sitze ganz still hinterm Sofa, und der Kuchen ist alle und die Sahne auch, und ich muß pupsen, und das mache ich auch ganz leise, und ich warte, daß sie's sagt. Und dann sagt sie's: »Wo ist denn mein kleiner Herzbube?« Da komme ich mit Gebrüll hinter der Sofalehne hoch und schreie »Hier!« Tante Kläre sagt »jetzt hast du mich aber wirklich erschreckt, du Rabauke«, und das stimmt, weil, sie hat den guten Bohnenkaffee mit dem Aroma und der Bekömmlichkeit auf ihr Kleid verkleckert. Und Mama wischt ihr das mit der Serviette ab und macht ein peinliches Gesicht, und Papa gießt ihr einfach neuen Kaffee in die Tasse und sagt »entschuldige bitte«. Aber Tante Kläre sagt »macht nichts, damit muß man ja rechnen, wenn man zu euch kommt«, und sie kramt in ihrer neuen Handtasche und sagt »guck mal, was die liebe Tante dir mitgebracht hat«, aber das weiß ich schon. Mit der einen Hand hält sie die Tüte mit den Gummibärchen hoch, und mit der anderen Hand zieht sie mich ganz stark zu sich ran, aber ich ziehe ganz stark dagegen, weil sie mich abschlecken will. Und sie zieht immer doller, weil, sie ist stärker, und sie sagt »jetzt mußt du mir aber auch ein Küßchen geben, du bist doch mein einziger Großneffe, und ich habe doch nur dich«, und Mama und Papa sitzen daneben und gucken zu. Und ich sage »ich will nicht«, und Tante Kläre sagt »na, ein Küßchen ist ja wohl nicht zuviel verlangt«, und Mama sagt »aber Liebling, ich weiß gar nicht, wieso du auf einmal so bockig bist«, und Papa sagt »entschuldige bitte, Tante Kläre, er ist momentan in einer etwas schwierigen Phase«, und dann fange ich an zu schreien und schmeiße mich auf den Boden, weil, ich will die Gemüsegurke nicht küssen, und sie soll mich loslassen. Und ich weine ganz doll, und Mama sagt »nun beruhige dich mal«, und Papa sagt »hör auf mit diesem Affentrara«, und

ich sage »die Gemüsegurke hat mir weh getan« – und da hält Mama mir den Mund zu, und Papa nimmt mich auf den Arm und trägt mich in mein Zimmer. »Wenn du dich beruhigt hast, dann kannst du ja wieder zu uns kommen und dich bei Tante Kläre entschuldigen. Solange bleibst du hier.«

Er hat die Tür hinter sich zugemacht, und ich habe mir einen Stuhl ans Fenster gerückt und rausgeguckt.

Ich bin 5, und ich bin schon groß, und ich heiße Mäxchen.

Und wer bist du?

Der Geschmack von Freiheit und Abenteuer

Ich bin 5, und ich bin schon groß,
und ich heiße Mäxchen.

Und eine Schwester habe ich nicht, nur eine liebe Biene, aber das ist meine Freundin, und die wohnt bei sich selbst zu Hause und hat eigene Eltern. Und einen Bruder habe ich nicht, weil, »das ist überhaupt nicht drin, du reichst uns völlig«, sagt Papa. Wir haben ein Wohnzimmer und ein Schlafzimmer mit einem Balkon, damit Mama einen Wäscheständer rausstellen kann, und ein Kinderzimmer, und das ist ein halbes, aber genug für mich. Und eine ganze Küche und ein Badezimmer mit Heizsonne und ein Klo extra. Ich darf nie vergessen zu ziehen, weil, »du stinkst schon wie dein Vater«, sagt Mama. Und Mama macht es immer richtig gemütlich, und Papa sagt »ich finde es wieder mal richtig gemütlich bei uns, Schatz«, und ich darf es nicht ungemütlich machen, weil, das stört die Gemütlichkeit. Spielen im Wohnzimmer macht die ganze Gemütlichkeit kaputt, weil, Papa will nicht dauernd über meine Autos stolpern oder auf mich drauftreten, wenn er fernsieht. Wir wohnen in einem Hochhaus, und Mama sagt, sie will lieber im Grünen wohnen, und Papa sagt, er ist ein Stadtmensch, und er sagt noch »es ist zentral.« Wenn man aus dem Küchenfenster guckt, sieht man ein Zwillingshochhaus, wenn man aus dem Wohnzimmerfenster guckt, sieht man ein Drillingshochhaus, und wenn man aus dem Schlafzimmerfenster guckt, sieht man noch ein Hochhaus. Nur aus dem Klofenster kann ich nicht rausgucken, weil, es ist zu hoch, und ich kann es nicht aufmachen, sogar wenn ich aufs Klo draufklettere, und deswegen nützt das Ziehen gar nichts. Ich finde unsere Wohnung auch sehr gemütlich, weil, »es regnet nicht durch, es ist warm, und die Nachbarn lassen einen in Ruhe«, sagt Papa.

Und ich darf noch nicht von selbst raus, weil, ich bin noch zu jung, und es ist gefährlich. Wenn der Kindergarten fertig ist, sage ich »bis morgen« zu Biene, und sie sagt »meinetwegen«, und dann kommt Mama mit dem Fahrrad von ihrer Arbeit und holt mich ab. Mama sagt »dann wollen wir mal wieder in unsere Bunkersiedlung«, aber manchmal geht sie mit mir noch auf den Spielplatz, aber sie spielt nicht. Sitzt nur. Und manchmal kauft sie

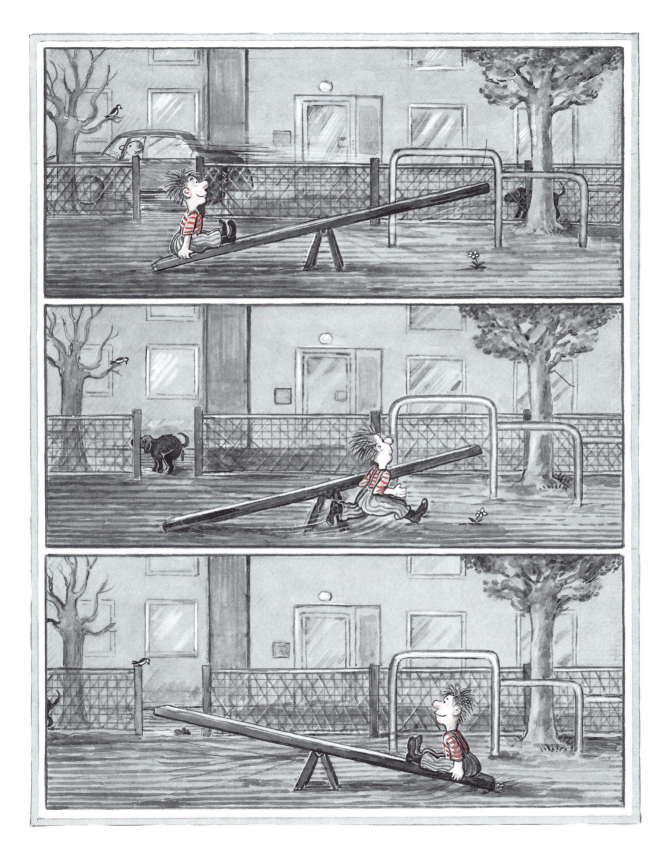

Pommes mit Mayo, das bringt neue Kraft. Wir gehen auch zusammen einkaufen im Supermarkt, weil, Papa schafft es immer nicht und muß doch was zum Essen haben, aber ich darf nichts heimlich einstecken, und Ladendiebstahl wird unnachsichtig verfolgt. »Mit dem Kind im Großmarkt ist eine Strapaze«, sagt Mama.

Und Mama ist erschöpft, und sie legt sich nur einen Moment hin, aber schläft gleich ein. Ich mache leise Fernsehen an, ist aber langweilig, und Krachmachen macht auch Ärger. Und ich höre, wie Leute an unserer Wohnungstür vorbeigehen, und ich will wissen, wer das ist, und ich mache die Wohnungstür nur ein ganz klein bißchen auf, und da haut unsere blöde Katze ab. Die Katze rennt die Treppe runter, aber das darf sie gar nicht. Und ich will hinterher, und das ist auch verboten, nur nicht im alleräußersten Notfall, und das ist einer. Aber den Wohnungsschlüssel nehme ich mit, und die Tür mache ich ganz leise zu, damit Mama nicht aufwacht, und die Katze ist weg über die Treppe, weil, den Fahrstuhl kann eine Katze nicht nehmen und ein Hund auch nicht. Unser Haus hat zwei Fahrstühle, und man muß erst draußen drücken, damit einer kommt, und E, wenn man runter will, und 2, wenn man rauf zu uns will. Wenn der Fahrstuhl kommt, bimmelt es. Es bimmelt, und ich steige ein und drücke E, und das Spielen der Kinder im Fahrstuhl ist untersagt. Ich spiele aber gar nicht, weil, ich suche unser Haustier. In E ist sie nicht, und ich rufe »Katze«, weil, einen anderen Namen hat die Katze nicht. Aber die sagt nichts, und raus ist sie auch nicht. Die kann die Haustür gar nicht aufmachen, und die ist zu. Die ist bestimmt wieder raufgelaufen, wie ich runtergefahren bin. Der Fahrstuhl ist noch da, ich fahre wieder nach 2 zu uns, aber da ist sie auch nicht, weil, die kennt ja unser Stockwerk nicht. Ich muß in den anderen Stockwerken nachgucken. Drücke 1 und 2 ist 12, aber nur im Fahrstuhl, weil, sonst ist es 3. Da sieht's genauso aus wie wo wir wohnen ganz genauso, auch die Namensschilder, aber ich kann das noch nicht lesen. Mal ganz oben nachsehen. Oberster Knopf. Sieht auch so aus. Der Fahrstuhl geht nicht höher, aber eine Treppe. Ich trau' mich, da hochzugehen. Eine Tür, zu, abgeschlossen. Na, wieder runter. Beide Fahrstühle sind unterwegs, das sieht man an den Anzeigetafeln. Ja, dann gehe ich mal zu Fuß, »körperliche Bewegung kann nicht schaden«, sagt Papa. Und ich springe ganz viele Treppen runter, weil, ich kann auch schon zwei Stufen auf einmal nehmen, aber es begegnet mir niemand, und alle Leute sind in ihrer Wohnung. Und wie ich wieder vor unserer Wohnung bin, hole ich den Schlüssel aus der Hosentasche zum Aufschließen, aber der paßt nicht. Ich kann den Schlüssel in dem Schloß nicht umdrehen, und ich fange an zu schwitzen, aber da macht Mama die Tür auf, und es ist gar nicht Mama, nur eine andere Frau, und die habe ich noch nie gesehen. Die ist schon ganz alt, mindestens über 30, und die sagt »was machst du denn da?«, und ich sage

»aufschließen«, und sie sagt »aber doch nicht meine Tür«, und ich sage »doch, weil, das ist mein Schlüssel«, und sie sagt »na sowas, warum willst du denn hier aufschließen?«, und ich sage »weil, ich wohne hier«, aber ich bin ganz verdattert. »Nein, mein Freund, hier wohne ich«, sagt die Frau, »du hast dich bestimmt in der Tür geirrt. Guck mal rein, hier stehen doch auch gar nicht deine Möbel, oder?« Und da hat sie recht, weil, unsere Möbel sehen ganz anders aus. Sie sagt »wie heißt du denn, mein Kleiner?«, und ich sag's ihr, und sie sagt, sie heißt Lisa und fragt »wo wohnst du denn?«, und ich sage »2«, und sie sagt »so, so, bist du weggelaufen?«, und das bin ich gar nicht. Sie sagt »komm ruhig rein, willst du einen Schluck trinken? Saft? Mal sehen, was wir da haben, na sowas, daß man hier mal Besuch kriegt«; und wir gehen in ihre Küche, und die sieht genauso aus wie unsere eigene Küche, und dann trinkt sie Bier aus der Dose und ich Saft aus der Flasche, weil, »die Gläser sind alle dreckig«, sagt sie, und das sind sie auch. Sie sagt »du hast Glück, daß ich da bin, sonst arbeite ich immer um diese Zeit, aber ich habe mich für ein paar Tage krankschreiben lassen«, aber Masern hat sie nicht, weil, es sind keine Flecken da. Und dann spielen wir Mensch ärgere dich nicht, und ich gewinne, und sie macht eine Kerze an, weil, es wird schon dunkel, und es ist sehr gemütlich, weil, sie hat auch Pralinen, und wir teilen. Und sie sagt »jetzt habe ich einen neuen Freund, aber nun mußt du wohl mal wieder nach Hause, komm, ich bringe dich zum Fahrstuhl«, und das tut sie auch, und ich drücke auf 2, und weg ist sie.

Und ich komme aus dem Fahrstuhl raus, und Mama sitzt auf der Treppe und hat rote Augen vom Weinen, aber sie freut sich, wie sie mich sieht, und das kann man sehen. Mama sagt »Mäxchen!« und nimmt mich ganz doll in den Arm, »Mäxchen, wo bist du gewesen? Es ist gleich halb sieben, ich habe dich überall gesucht, wo hast du denn die ganze Zeit gesteckt, ich habe mir solche Sorgen gemacht, du kannst doch nicht einfach

35

weglaufen, ich wollte schon die Polizei benachrichtigen, du weißt doch, was alles passieren kann, ich kann dich doch nicht in deinem Zimmer festbinden, wie kannst du mir sowas antun, mein Gott, bin ich froh, daß du wieder da bist«, und die anderen Wörter habe ich alle nicht verstanden, weil, Mama hat ganz schnell gesprochen mit Weinen und Lachen durcheinander. Und die Katze liegt auf unserer Fußmatte und schläft, und es macht ihr nichts aus.

Mama sagt »mir ist die Tür zugeschnappt, und ich hab' keinen Schlüssel, hast du den?«, und ich sage » ja, hab' ich«, aber ich hab' ihn nicht, weil, ich hab' ihn bei Lisa auf dem Küchentisch liegengelassen. »Lisa?« sagt Mama, »wer ist Lisa?«, und ich sage »meine Freundin«. Mama sagt »Lisa – wie weiter?«, und ich sage »weiß nicht, nur Lisa.« Und in welchem Stockwerk Lisa wohnt, weiß ich auch nicht, weil, das hat Lisa mir nicht gesagt. »Dann ist der Schlüssel also weg«, sagt Mama, und »auf Papa brauchen wir nicht zu warten, der ist auf einer Tagung, der kommt heute erst sehr spät. Was machen wir jetzt?« Wir sitzen auf der Treppe, und ich muß immer auf den Lichtknopf drücken, weil, das bleibt nicht so lange an, und dann ist es duster, und kalt ist es auch. Ich sage »wollen wir Fahrstuhl fahren?«, und Mama sagt »nerv' mich nicht, du hast überhaupt keinen Grund, übermütig zu sein«, und die Lage ist ernst. »So geht's nicht weiter!« sagt Mama und ist ganz streng, »du bleibst hier sitzen, ich organisiere einen Schlosser, vielleicht gibt's ja sowas wie einen Notdienst.«

Mama klingelt bei den Leuten gegenüber und fragt, ob sie mal telefonieren darf, und sie darf und geht rein, und ich bin ganz allein im Treppenhaus mit der Katze, und ich stehe am Lichtknopf, damit's nicht duster wird.

Mama kommt wieder raus und sagt »das Geld fürs Telefon bringe ich Ihnen nachher rüber, wird ja nicht solange dauern, bis der Notdienst da ist, vielen Dank«, und ein Mann sagt »schon recht« und macht schnell die Tür zu. Und es dauert doch sehr lange, bis der Notdienst da ist, und Mama sagt nichts.

Und dann kommt der Notdienst, und das ist ein Mann mit Schnurrbart und Arzttasche, und er sagt »das haben wir gerne, so'n Scheiß nach Feierabend, was, junge Frau, wieder nicht aufgepaßt«, und Mama sagt immer noch nichts und ist wütend. Und dann hat er unsere Tür aufgefummelt, und es ist unsere Wohnung, auch mit unseren Möbeln. »Macht 48 Mark 93 mit Mehrwertsteuer«, sagt der Notdienst, und Mama gibt ihm einen Schein und sagt »ist gut so.« Und der Notdienst will wieder gehen, aber Mama sagt »ach, warten Sie mal – der Junge hat den Schlüssel verloren, das ist ja riskant sowas, da müssen Sie uns ja wohl ein neues Sicherheitsschloß einbauen, oder?« »Ist wohl besser«, sagt der Notdienst, »machen

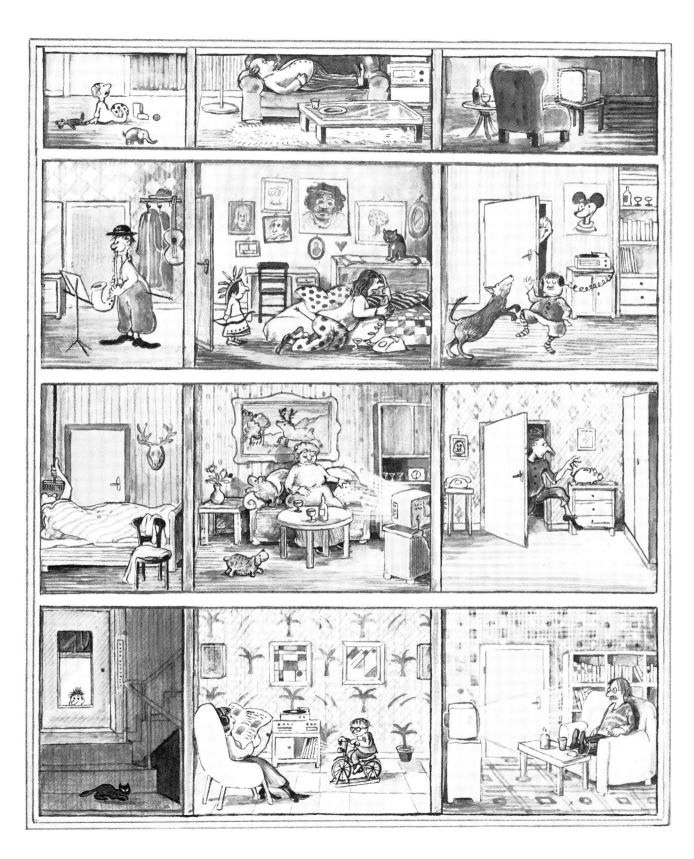

wir morgen. Kostet ungefähr 140 Mark, tja Kinder sind teuer. Ich schicke jemanden vorbei, Wiedersehen.« Weg ist er. Mama guckt mich an, und ich gucke Mama an, und Mama ist fix und foxi. Ich sage »Lisa hat mir Pralinen gegeben mit köstlich zartem Schmelz auf der Zunge«, und das ist verkehrt, weil, »das Leben ist so teuer, da mußt du es einem ja nicht noch schwerer machen als es sowieso schon ist, ich weiß gar nicht, wie ich das deinem Vater beibringen soll, geh' bloß in dein Zimmer, für heute reicht's mir aber gründlich«, sagt Mama.

Und ich trau' mich gar nicht, sie zu trösten, und ich bin in mein Zimmer gegangen, hab' mir einen Stuhl ans Fenster gerückt und rausgeguckt.

Ich bin 5, und ich bin schon groß, und ich heiße Mäxchen.

Und wer bist du?

Sonntags gehört Papa mir

Ich bin 5, und ich bin schon groß,
und ich heiße Mäxchen.

Und am liebsten esse ich Bockwurst ohne Senf und Eierkuchen mit Apfelmus und Nachtisch mit dem großen Löffel, weil, wer das Messer in den Mund steckt, ist ein Pirat oder Menschenfresser, und das ist gefährlich. Fettes Fleisch schmeckt mir ganz eklig, und einen Fisch mag ich auch nicht, nur Fischstäbchen, weil, »die gehen auch schön schnell«, sagt Mama, aber gehen können die überhaupt nicht, nur schwimmen. In Öl, weil, »da sind die dran gewöhnt«, sagt Mama. Und ich kann auch schwimmen und tauchen, aber nur in der Badewanne mit Taucherbrille und mit einem richtigen Schnorchel, und das hat Papa mir zum Geburtstag geschenkt. Aber im Schwimmbad gehe ich nie ins tiefe Wasser, weil, ich hab' Angst, wenn ich mit den Füßen nicht auf die Erde komme, und Papa sagt »das ist doch eine faule Ausrede, wenn du auf einem Stuhl sitzt, kommst du mit den Füßen ja auch nicht auf die Erde«, aber das ist egal. Und Papa sagt noch »komm her, ich nehme dich auf den Arm, du brauchst keine Angst zu haben, ich lasse dich doch nicht los!«, aber ich will nicht und strample, und Mama sagt »laß ihn doch, Schatz, er lernt's schon noch«, und Papa sagt »in deinem Alter bin ich schon vom Einer gesprungen«, und ich brülle »ich will nicht«, und Papa ist enttäuscht und sagt zu Mama, ich bin ein kleiner Feigling, aber das ist gar nicht wahr, weil, neulich habe ich einen großen Schäferhund am Kopf gestreichelt, und Papa hat einen großen Bogen drumrum gemacht, und Mama hat zu mir geflüstert »dein Vater, dieser unschlagbare Held, hat vor jedem kleinen Fiffi Schiß«, aber ich darf ihn nicht damit ärgern, weil, es ist ihm peinlich. Und am schönsten ist es bei Gewitter, weil, da hab' ich auch Angst, aber »du mußt keine Angst haben«, sagt Papa, weil, Papa und Mama liegen schon im Bett und ziehen sich einfach die Decke über die Ohren, und ich krieche da mit drunter, wenn's kracht, und wir zählen Zahlen vom Blitz bis zum Donner, und das Gewitter ist noch weit weg, und ich darf zwischen Mama und Papa einschlafen. Und am Morgen sagt Mama »du hast wieder quergelegen«, und Papa sagt »mich hat er getreten, ich mag gar nicht sagen, wohin«, aber das weiß ich schon.

Wenn nicht Gewitter ist, soll ich nicht zu Mama und Papa ins Bett kommen, weil, sie brauchen ihre Ruhe, und sie müssen auch mal ausschlafen, besonders am Sonntag, und »das ist jede Woche einmal, nur ein einziges Mal in der Woche«, sagt Mama.

Und ich stehe auf, und ich merke, es ist wieder Sonntag, weil, im Wohnzimmer stehen ganz viele Bierflaschen rum und Kartoffelchips auf dem Teppich, und es stinkt, weil, die haben soviel geraucht, daß es nicht in den Aschenbecher reinging, und auf dem Sofa liegt Papas Hose und auch Mamas Pullover, weil, die sind noch nicht zum Aufräumen gekommen. Und Papas Hemd liegt unter dem Sessel.

Und ich bin ausgeschlafen, weil, ich muß immer früh ins Bett gehen, und Mama und Papa sind nicht ausgeschlafen, weil, sie haben immer noch was zu erledigen und können nicht so früh ins Bett müssen. Und jetzt »mußt du dich auch mal allein vernünftig beschäftigen«, sagt Papa, weil, »ich bringe nur das Bier weg«, sagt Papa noch dazu, und er geht aufs Klo

und dann wieder ins Schlafzimmer, und ich soll ihn noch ein Stündchen schnurcheln lassen, aber Mama schnarcht, und das ist auch laut, und das kann ich genau hören.

Aber meine beste Freundin Biene sagt, bei ihr schnarcht nur ihr Vater, und ihre Mutter knirscht immer mit den Zähnen, und sie streiten, was schlimmer ist, aber am schlimmsten ist, wenn einer ins Bett macht.

Ich puhle mir eine Mandarine ab, und ich drehe mir das Radio an, ganz leise, aber es ist nur Gerede, weil, es gibt keinen Kinderfunk am Sonntagvormittag, »und das wäre doch mal was Sinnvolles für unsere Gebühren«, sagt Mama, und ich drehe es wieder ab, und eine Schallplatte anhören geht auch nicht, weil, ich darf nicht am Plattenspieler rumspielen, nur Papa, damit er heil bleibt, aber Schallplatten ansehen ist auch langweilig. Und ich hole meine Wasserpistole und mach' sie voll Milch und schieße mir Milch in den Mund und dann auf die Katze, aber die springt in die Küchengardinen und klettert auf das Gardinenbrett, und so weit schießt die Pistole nicht. Mama sagt »ich will nicht, daß du mit dem Ding spielst«, weil, »es ist Kriegsspielzeug, und das ist nicht gut für Kinder«, aber Papa sagt »ach was, ist doch Unsinn, du siehst dir doch auch jede Ballerei in jedem Krimi an«, und die Wasserpistole ist für draußen zum Spielen, aber das geht nicht, weil, da ist nie Wasser. Und Milch auch nicht.

Und Mama kommt aus dem Schlafzimmer und sagt »Oh, oh, oh,« und geht aufs Klo und kommt wieder in die Küche und trinkt Wasser und eine Kopfschmerztablette und sagt »ich bin etwas verkatert«, aber die Katze auf dem Gardinenbrett sieht sie nicht, nur die Milchspritzer am Fenster und sagt »warum tust du nicht was Vernünftiges? Du kannst zum Beispiel ein Bild malen. Tante Kläre hat dir sowas Schönes zum Geburtstag geschenkt, da mußt du ihr sogar noch eins malen. Du hast es ihr versprochen. Also, setz dich hin und mach das jetzt mal. Oh, mein Kopf«, sagt Mama und geht wieder ins Schlafzimmer, und die Türe macht sie hinter sich zu. Ich will aber kein Bild für Tante Kläre malen, weil, ich habe keine Lust zum Malen, und das Geschenk war auch gar nicht gut. Es war ein Elefant zum Aufziehen und zum Schwimmen, und der kippt immer um im Wasser, und der Propeller unter dem Schwanz von dem Elefanten ist kaputt. Und mit sowas kann Tante Kläre meinetwegen von selbst spielen. Und das Telefon klingelt. Vielleicht ist es meine allerliebste Freundin Biene, aber es ist nur die Tante Kläre. Und die Tante Kläre sagt »oh, Mäxchen, wie schön, mal wieder deine Stimme zu hören, du kannst ja schon richtig telefonieren, na ja, du bist ja auch schon ein großer Junge, nicht wahr?« Aber ich habe nur »hallo« gesagt und sonst nix. »Kann ich denn mal deine lieben Eltern sprechen?« sagt die Tante Kläre, und ich sag' gar nichts, aber ich laß' den Hörer einfach runterbaumeln. Ich gehe ins Schlafzimmer und sage »die Tante Kläre ist am Telefon«, und Papa knurrt was und dreht sich auf die andere Seite, und Mama sagt »Wer?« Ich sage »Tante Kläre«, und Mama sagt »nein, doch nicht mitten in der Nacht«, und dann flüstert sie, und ich soll nah zu ihr rankommen »Mäxchen, sei ein großer Junge, ja? Tu' mir den Gefallen und sag' der Tante Kläre, wir sind nicht da, ja? Sag' ihr, du bist ganz allein in der Wohnung, machst du das?« Ich sage »wann steht ihr auf?«, und Mama sagt »bald, Mäxchen, bald«, und Papa sagt »Ruhe!«

Der Telefonhörer baumelt immer noch rum, und ich sage wieder »hallo?«, und Tante Kläre

sagt »das hat ja eine Ewigkeit gedauert, schließlich ist dies ein Ferngespräch!«, und ich sage »meine Eltern sind verreist.« Da höre ich Tante Kläre schnaufen. Sie sagt »verreist? So so. Seit wann verreist?« Ich sage »weiß nicht. Schon lange.« Tante Kläre sagt »aha. Wohin denn, Mäxchen?«, und ich sage »nach Afrika« – »Oijoijoi«, sagt Tante Kläre, »so weit. Weißt du, wann sie wiederkommen?« »Nein.« »Und wer paßt auf dich auf?« Ich sage »die Katze«, aber ich denke »der Schwimmelefant mit dem kaputten Propeller.« »Na gut, Mäxchen«, sagt Tante Kläre, »dann werde ich mal bei dir vorbeischauen und nach dem Rechten sehen, daß du auch nicht zu viel Unsinn machst. Und solltest du deine Eltern in absehbarer Zeit zu Gesicht bekommen und sollten die dann ansprechbar sein, sage ihnen, daß das nicht die feine Art ist, Kinder vorzuschicken.« Klick. Aufgelegt. Ich lege auch auf. Mama ruft mich aus dem Schlafzimmer. »Na, was hat Tante Kläre gesagt?« Ich sage »och, nichts. Nur, sie will kommen und auf mich aufpassen.« »Was? Wieso will sie auf dich aufpassen?« Ich sage »weil, ich hab' gesagt, ihr seid verreist. Nach Afrika.« Da wacht Papa auf. »Du hast gesagt, wir sind nach Afrika verreist? Bist du des Satans? Das glaubt die doch nie!« Ich sage »doch, das glaubt die Tante Kläre ganz bestimmt, weil, ich habe gesagt, ihr seid schon ganz lange weg, und ich weiß gar nicht, wann ihr wiederkommt.« »Oh, mein Gott«, sagt Mama, »da hast du uns ja schön reingeritten. Was machen wir denn jetzt?« – »Erst mal gar nichts«, sagt Papa, »Mann, Mäxchen, da hast du uns was eingebrockt, das ist ja wirklich zu dämlich! Los, hol' mir mal meine Zigaretten aus dem Wohnzimmer und einen Aschenbecher aus der Küche, und guck' im Kühlschrank nach, ob da zufällig noch ein Bier drin ist.« Und es ist eins drin, und ich hole alles für Papa, und Mama sagt »bring' mir mal ein Glas Wasser«, und das tue ich auch, aber Mama und Papa sind ganz schlecht gelaunt, weil, sie sind wach, aber haben keine Lust zum Aufstehen. Und ich gehe in mein Zimmer und baue ein Parkhochhaus mit meinen Bauklötzen für meine Autos, und eine Straße will ich auch bauen, und ich muß aufpassen, damit die Bauklötzer nicht umfallen, und ich kriege einen Hunger und kann da aber nicht weg, und ich rufe ganz laut »Papa, kannst du mir ein Brot schmieren?«, und Papa ruft zurück »jetzt nicht«, und ich rufe noch lauter »Mama, schmier' mir mal ein Brot«, aber sie hört nicht, und Papa steht in der Tür und hält sich vorne den Bademantel zusammen und sagt »das fehlt uns gerade noch, daß du uns hier rumkommandierst, du bist wohl verrückt geworden!« und dann hat er meine Tür zugeknallt.
Ich habe dem Parkhochhaus einen Tritt gegeben, dann habe ich mir einen Stuhl ans Fenster gerückt und rausgeguckt.
Ich bin 5, und ich bin schon groß, und ich heiße Mäxchen.
Und wer bist du?

Die Prunksitzung

Ich bin 5, und ich bin schon groß, und ich heiße Mäxchen.

Und ich will ein Angestellter werden, wenn ich groß bin, weil, dann kann mich der Filialleiter mal gernhaben, aber hinten reinkriechen muß ich ihm noch lange nicht. Und ich kriege ein dreizehntes Gehalt, aber das geht alles für Raten und meinen Geburtstag drauf. Zu meinem Geburtstag kriege ich immer ganz viel geschenkt, und das ist viel besser als Weihnachten, weil, da kriegen die anderen auch immer was geschenkt, aber nichts zum Spielen. Nur zum Lesen oder Gebrauchen. An meinem Geburtstag ist nur Kindergeburtstag, und ich soll meine liebste Freundin Biene einladen, aber wir sind verkracht, und sie kommt trotzdem mit beleidigtem Gesicht. Und dann kommen noch Andreas und Stefan und Mathias, und Udo, Karl-Heinz, Hilde, Gerlinde, Christine, Horsti, Peter, Hilda, Alex, Thomas und Hermi kommen nicht, und die ich vergessen habe, kommen auch nicht, weil, wir haben gar nicht so viel Stühle, und Mama sagt, es ist ihr zuviel, und mal muß auch Schluß sein. Und mein Kindergeburtstag ist immer, wenn Papa verreist ist, aber Mama hat Apfelkuchen gekauft mit Sahne und einen Kakao gekocht, und die Flecken auf dem Tischtuch machen gar nichts, weil, es wird wieder alles duftig frisch mit 60 Grad. Ich kriege auch ganz viele neue Sachen zum Anziehen geschenkt, sogar Unterhosen, aber die waren auch nötig.

Und Mama spielt mit uns, weil, sie hat ein Spielebuch, da stehen alle Spiele drin, und jeder kann was gewinnen, Schokolade oder Bonbons, aber Biene will immer alles allein gewinnen, und bei »Reise nach Jerusalem« habe ich sie gekniffen und vom Sofa geschubst, und Andreas hat mich getreten, und Stefan hat Andreas an den Haaren gezogen, und Mathias hat Stefan geboxt, und ich habe Mathias den Kakao über die Hose gekippt, und Biene hat mir einen Löffel Sahne ins Gesicht geschmiert, und Andreas hat gelacht, und Stefan hat geweint, und Biene hat gesagt, sie will nach Hause, und Mathias hat die Tür abgeschlossen, weil, Mama war in der Küche und hat telefoniert, und da war er mutig, und ich habe Mathias seine Brille weggenommen und in der Blumenvase versteckt, und er hat gesagt, jetzt spielt er nicht mehr mit, und Biene hat Andreas ein Sofakissen über den Kopf gehauen, weil, Andreas hat nach ihr gespuckt, und dann haben wir getobt und Kissenschlacht gemacht. Wir haben gar nicht gehört, wie Mama wieder rein wollte, und Mama hat ganz doll an die Tür gewummert, und Biene hat ihr wieder aufgeschlossen, und Mama war ganz entsetzt, weil, wenn ich nicht ordentlich mit meinen Gästen spielen kann, dann muß sie sich für meinen nächsten Kindergeburtstag was anderes überlegen, und »es ist schade, daß ein so schöner Tag immer mit einem Krach enden muß«, sagt Mama. Und wie sie alle wieder weg waren, hat Mama den ganzen Geburtstagsdreck beseitigen müssen, weil, es ist ja kein anderer da, der's für sie macht.

Aber am schönsten finde ich Karneval, weil, der macht auch Dreck, aber verkleidet. Mama färbt sich mit Schaumbad die Haare blond, und das sieht ganz verschärft aus, und wie Papa nach Hause kommt, meckert er rum und findet Mama häßlich, und Mama ist trotzig, und Papa sagt »ich habe dich nur dunkel in Erinnerung«, und dann sind sie ins Schlafzimmer, und ich soll nicht stören. Und wie sie wieder rauskommen, sagen sie, sie machen ein Karnevalsfest, aber für die Erwachsenen bei uns in der Wohnung, und sie wollen mal wieder richtig lustig sein und einen draufmachen. Und es ist egal, was das kostet, weil, sie sind sowieso noch ein paar Einladungen schuldig, und Mama will sich als Cowboy verkleiden, und Papa weiß noch nicht. Vielleicht Motorradfahrer. Das Karnevalsfest soll am Sonnabend sein, damit alle ausschlafen können.

Und Mama und Papa holen meinen Tisch aus meinem Zimmer ins Wohnzimmer, damit er ein kaltes Buffet wird, und Mama schält den ganzen Tag Kartoffeln und macht Dosen auf und steht in der Küche, weil, die Gäste müssen was zum Knabbern haben, aber Mama ist mit den Nerven total zu Fuß. Und Papa rollt im Wohnzimmer den Teppich zusammen, damit beim Tanzen die Füße besser schlurfen können, und er hat ganz viel Bier und Schnaps und Wein besorgt, weil, die Erwachsenen werden von Kakao nicht lustig genug. Und den Teppich schmeißt er in mein Zimmer. Vom Wohnzimmer zur Lampe und von der Lampe zur Tür zieht er einen Bindfaden und hängt Lampions dran, und in die Lampe dreht er eine rote Birne und hängt Luftschlangen drüber, und ich soll ihm nicht dauernd im Weg rumstehen. Und ich schließ' mich im Bad ein und fang' auch an mit Verkleiden. »Die Haare müssen gut angefeuchtet sein«, sagt Mama, und ich mach' sie ganz naß, »und dann muß man das Färbemittel gleichmäßig auftragen«, sagt Mama, »damit's ein Seidenglanz wird.« Und es stinkt und macht einen kalten Kopf, aber ich bin sehr tapfer und sitze auf dem Duschbeckenrand, weil, »man muß es einwirken lassen«, sagt Mama, sonst wird es nicht richtig. Aber ich weiß gar nicht, wie lange das färben muß, und fang' schon mal an mit

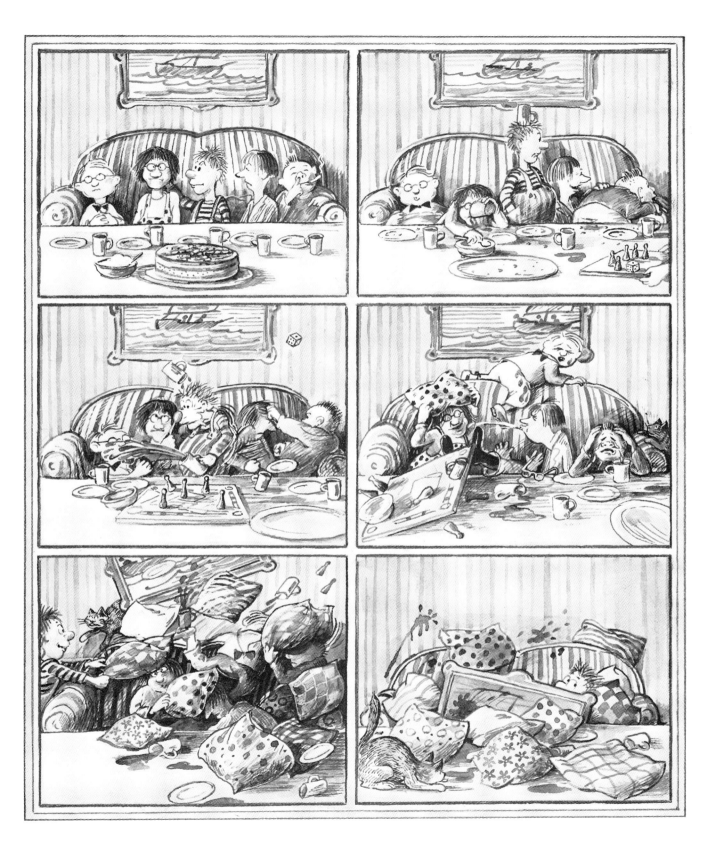

Schminken und mach mir den Mund schwarz mit der Flasche, die Mama immer um die Augen malt, und alles andere rot mit dem Lippenstift, und es sieht gefährlich aus. Und die Haare auf meinem Kopf sind wie ein Hut aus Zuckerguß, ganz hart, aber Mama sagt »man muß es sorgfältig ausspülen, damit es locker fällt«, und ich laß' es so, weil, das ist die allerbeste Kopfverkleidung und sieht komisch aus. Und ich stehe vor dem Spiegel und schneide Fratzen, und der Zuckerguß auf meinem Kopf ist grün und gar nicht blond. Dann schneide ich mit der Nagelschere was ab von meinem Kopf vorn, und im Regal liegt Klebstoff, und ich klebe mir das ans Kinn, und der Bart sieht witzig aus, aber es juckt, und jetzt kann ich bestimmt alle Leute erschrecken.

Papa erschrickt sehr, wie er mich sieht, weil, er gießt sich gerade Kaffee ein, aber in die Zuckerdose und trinkt daraus und merkt das gar nicht. Guckt mich nur an und sagt »geh mal in die Küche!« Und Mama sagt »Umgotteswillen.« Und nimmt mich an der Hand und hält meinen Kopf unter die Dusche, damit der Zuckerguß rausgeht, und das tut er auch, und wir gucken zusammen in den Spiegel, weil, »es ist ganz karottig«, sagt Mama, und Papa sagt, »jetzt hast du eine Mohrrübe«, dabei ist mein Haar schön rot und vorne ganz zipfelig, und das ist auch eine gute Verkleidung, aber der Bart ist ab.

Und dann kommen die Leute, ganz viele, die ich nicht kenne, aber als erste kommen Biene und Horst und Christiane, die sind Bienes Eltern, und Biene hat ein Nachthemd an mit goldenen Flügeln und ist ein Engel, und das paßt gut, weil, Horst sagt »na, du kleiner Teufel« zu mir. Und Christiane ist als Häschen verkleidet und Horst als Pinguin. Aber Papa ist am komischsten verkleidet, weil, er hat einen Clownshut auf mit Gummiband über die Ohren und eine lange Pappnase mit Brille fest drauf und Schnurrbart unten dran und ein Nachthemd von Mama, aber das ist ihm ziemlich eng. Mama ist auch als Häschen verkleidet mit langen Ohren und einem Schwanz hinten wie Christiane, aber nicht lange, weil, sie geht sich umziehen, und dann kommt sie wieder in Papas gutem Anzug und Papas Begräbnishut und Regenschirm und angemaltem Schnurrbart, ganz schwarz, und sieht aus wie Stummfilm. Und unsere Wohnung ist ganz rammelvoll, weil, es ist genug zum Essen und Trinken da, aber alle tanzen im Wohnzimmer und auf dem Flur oder stehen in der Küche rum. Und einmal tanzt Mama mit mir, aber sonst tanze ich nur mit Biene, und Papa legt die Platten auf, aber Mama will immer was anderes hören. Und manchmal singen alle mit, so laut sie können, und Papa sagt »na, Mäxchen, bist du gut drauf?« und will mir einen Kuß geben, aber es geht nicht mit seiner langen Pappnase, und Biene und ich trinken heimlich aus Mamas Weinglas und Christianes Sektglas und auch was aus der Kelle vom Bowlentopf, und Biene wird schlecht, aber wie wir Konfetti vom Balkon schmeißen, ist es wieder besser.

Mama sagt »Schluß jetzt für Kinder, es ist 10 Uhr«, und Biene und ich sollen zusammen in meinem Bett in meinem Zimmer schlafen, aber wir sind gar nicht müde, und es geht nicht, weil, die Erwachsenen machen soviel Musik und Krach. Und Biene sagt, ich mache mich so breit, und sie hat Durst, damit ich ihr was hole, und das tue ich auch, und auf dem Flur machen sie eine Polonäse Blankenese, und ich komme gar nicht durch, weil Papa mich zurückschickt und »ab in die Falle« sagt. Aber Biene und ich lehnen die Tür an und tanzen in meinem Zimmer, bis Christiane reinkommt und »jetzt aber endgültig Schluß« sagt. Und Biene sagt, ihr dreht sich alles im Kopf und rennt zum Klo, aber das ist besetzt, und da spuckt sie einfach auf den Flur, kotzwürg, und Christiane muß es wegwischen, und Horst sagt »bring sie lieber nach Hause«, und Christiane sagt »warum tust du's nicht?« und Horst macht das.

Papa hat seine Pappnase abgenommen und trinkt ein Bier aus der Flasche, und die anderen tanzen alle ganz fest umarmt. Und zu Essen ist auch nichts mehr da. Und Mama gibt mir ein Glas Milch und sagt »nun geh mal schön ins Bett, mein Schatz, die Erwachsenen wollen auch mal unter sich sein, morgen ist auch noch ein Tag«, und sie deckt mich zu und streichelt mich. Aber einschlafen kann ich nicht, nur daliegen, weil, die Musik geht immer weiter. Und ich mache die Augen ganz fest zu und stecke die Finger in die Ohren, und es muß gleich morgen sein und hell werden, und meine Tür geht auf, und Papa und Christiane schleichen sich rein, und Papa küßt Christiane auf den Mund wie Mama, und sie flüstern zusammen, weil, ich soll nicht aufwachen davon, aber ich sehe es doch.

Und ich bin ganz wach, und wie sie wieder raus sind, rücke ich mir einen Stuhl ans Fenster und gucke raus.

Ich bin 5, und ich bin schon groß, und ich heiße Mäxchen.

Und wer bist du?

Mit dem grünen Band der Sympathie

Ich bin 5, und ich bin schon groß,
und ich heiße Mäxchen.

Und nächstes Jahr komme ich in die Schule, »und dann beginnt der Ernst des Lebens«, weil, »es wird einem nichts geschenkt heutzutage«, aber das stimmt gar nicht, weil, meine liebste Freundin Biene hat mir ihr Jo-Jo geschenkt, und morgen muß ich es ihr zurückschenken, sagt Mama. Aber ich kaufe mir von selbst ein Jo-Jo, weil, ich habe eine Sparbüchse, die ist voll mit Geld, ganz viel, und ich kaufe mir ein Jo-Jo mit Batterie, was leuchten kann, besonders im Dunkeln. Oder eine Fernlenkfeuerwehr. Oder Telespiele, einen ganzen Kasten. Oder einen Kran mit echtem Motor. Aber Papa sagt »für die paar Pfennige kriegst du fast nichts, laß mal sehen, wieviel ist es denn« und »immerhin 1 Mark 39«, sagt Papa, »da hast du ja ordentlich was zusammen.« Und Papa nimmt mich auf den Schoß und sagt »weißt du, wenn man Geld haben will, muß man arbeiten, und wenn man viel Geld haben will, muß man viel arbeiten.« Und ich frage »haben wir viel Geld?« Und Papa sagt »es reicht«, und ich sage »aber wenn du mehr arbeitest, haben wir noch mehr Geld«, und Papa setzt mich von seinem Schoß wieder auf die Erde. Und Mama kommt rein und sagt »was willst du denn mit dem vielen Geld, wieso hast du das denn aus der Sparbüchse rausgeholt?«, und ich sage »ich will ein Jo-Jo kaufen oder so«, weil, wenn wir einkaufen gehen, das gibt's in der Spielzeugabteilung, und das will ich haben. »Aber Mäxchen, das ist doch dein Gespartes«, sagt Mama, »du hast doch gesagt, du willst ganz lange und ganz viel sparen und dir dann was Anständiges kaufen!« Aber ich habe ganz lange und ganz viel gespart, weil, jetzt will ich ein anständiges Jo-Jo kaufen mit Batterie. Und Papa sagt »aber das geht doch nicht, einfach mal so zwischendurch eine Ladung Spielzeug kaufen, ich kann mir auch nicht alles leisten, was ich gerade haben will, wir müssen alle sparen, wenn wir uns was Größeres anschaffen wollen«, und Mama sagt »na na, ein Jo-Jo ist ja nun nicht gerade eine größere Anschaffung«, und ich sage »ich will das aber haben.«

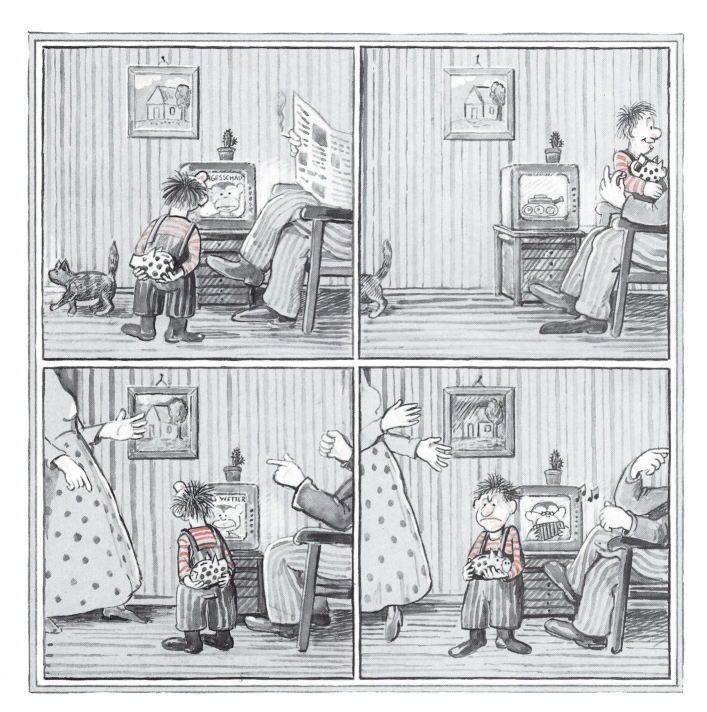

Dann wird Papa sauer, und ein Junge in meinem Alter muß allmählich lernen, mit Geld umzugehen, und ein Jo-Jo mit Batterie ist ein Firlefanz, weil, das hat er früher auch nicht gehabt, und es kommt überhaupt nicht in die Tüte, aber ich will es ja nur in meine Hosentasche stecken. Und Papa steckt das ganze Geld wieder in die Sparbüchse rein und sagt »wenn du erst dein eigenes Geld verdienst, kannst du dir soviel kaufen, wie du willst, aber solange deine Spargroschen aus meinem Portemonnaie stammen, mußt du dich nach der Decke strecken«, aber das verstehe ich gar nicht, weil, ich will keine neue Decke, nur ein Jo-Jo mit Batterie. Und Mama wird auch sauer, weil, Papa hat wieder seinen bösen Ton, und Mama sagt, sie fängt dann immer an zu frieren, auch im Sommer, und Mama sagt »na schön, Mäxchen, dann kaufen wir eben morgen das Jo-Jo mit Batterie – du gibst mir dein Geld, und ich lege den Rest dazu«, aber Papa will nicht, daß Mama das Geld dazugibt, weil, »das ist eine Prinzipielleentscheidungmitgrundsätzlichpädagogischemcharakterdisziplinver-

zichtleistungkonsequenterweisekeineswegsherzloseerzieherischemaßnahmeblubbblubb!«
Mama versteht immer, was Papa sagt, und sagt »kleinkariert«, und Papa sagt, »ich habe dir schon mal gesagt, wir dürfen uns nicht vor dem Kind streiten«, und ich gehe raus, weil, gleich muß ich sowieso rausgehen. Und die Sparbüchse nehme ich mit in mein Zimmer, weil, ich will das Geld wieder rausholen, und das mache ich auch, und das Geld stecke ich in meine Hosentasche wie Papa. Aber der streitet immer noch mit Mama im Wohnzimmer, damit ich kein Jo-Jo kaufen soll, und Mama sagt zu ihm, seine Zigaretten kosten viel mehr, und er sagt, das ist was ganz anderes, und Mama sagt, es ist idiotisch, wenn sich zwei erwachsene Menschen um ein Jo-Jo zanken, und Papa sagt »üüüüberhauptnicht!«

Und die Katze liegt wieder auf meinem Kopfkissen und sagt gar nichts, aber das darf sie nicht, und ich jage sie unter den Schrank. Und ich weiß nicht, was ich anfangen soll, aber mir fällt ein, ich muß meinen Stuhl absägen, weil, er ist zu hoch, und wenn man draufsitzt, kommt man gar nicht an den niedrigen Tisch ran, und Papa hat gesagt »da müssen wir mal die Beine kürzer machen.«

Papas Werkzeugkiste steht neben dem Klo, und ich hole mir die Säge und säge, aber das geht sehr schwer und macht viele Schrammen und auch Sägespäne. Und Mama sagt »was machst du denn da?«, und Papa sagt »habe ich dir nicht streng verboten, an meine Werkzeugkiste zu gehen? Menschenskind, das ist doch gefährlich!« und nimmt mir die Säge wieder weg. »Da hat Papa recht«, sagt Mama, »da mußt du schon mal gehorchen.« Papa sagt »ich habe ihm versprochen, die Beine zu verkürzen, damit er an seinem Kindertisch sitzen kann – ich mach's am Wochenende, Mäxchen, ich verspreche es dir. Alles klar?« und er hat mich am Kopf gestreichelt. »Alles klar!« sagt Mama, »morgen kriegst du dein Jo-Jo mit Batterie, am Wochenende einen Stuhl ohne Beine, und jetzt gehen wir Pizza essen.«

Und Papa sagt noch, wenn der Stuhl ganz kurze Beine hat, dann kann ich nicht mehr so gut aus dem Fenster gucken. Aber das macht nichts, weil, ich wachse ja schnell.

Henning Venske, 39er-Jahrgang, arbeitete sich nach Engagements am Schillertheater Berlin und am Thalia-Theater Hamburg freiberuflich bei Rundfunk, Fernsehen und Theater durch.

Ab 1973 war er vorwiegend als Journalist tätig. 1981 übernahm er die Chefredaktion der Zeitschrift »Pardon«, 1985 ging er als Autor und Mitspieler zum Kabarett »Münchner Lach- und Schießgesellschaft«.

Seit 1994 lebt er als freier Autor, Schauspieler und Regisseur wieder in Hamburg.

Henning Venske veröffentlichte zahlreiche, meist satirische Bücher. Er schrieb aber, durch sein Erscheinen in der Fernseh-Sesamstraße einer ganzen Kindergeneration bekannt, auch eine Reihe von Kinderbüchern. Von diesen ist ihm das hier neu aufgelegte »Mäxchen«, das unter jungen Eltern als Kultbuch gehandelt wird, das liebste...

Ernst Kahl, Jahrgang 1949, Studium an der Hochschule für Bildende Künste in Hamburg, kurze Zeit Lehrer »für alles« auf einer Hallig, lebte dann als freier Maler in Dänemark und seit 1980 in Hamburg.

Produziert Bilder und Bücher und schreibt Drehbücher für erfolgreiche Kinofilme.

Veröffentlichungen in »Titanic«, »Konkret«, »Stern«, »Feinschmecker« u.a.